AF494583

VIE

DE

SAINT GENGON

Patron secondaire de Rémérangles.

SE VEND AU PROFIT DE L'ÉGLISE

Prix : 30 Centimes.

BEAUVAIS,

TYPOGRAPHIE D. PERE, IMPRIMEUR DE L'EVÊCHÉ.

VIE

DE

SAINT GENGON

Patron secondaire de Rémérangles.

SE VEND AU PROFIT DE L'ÉGLISE

Prix : 30 Centimes.

BEAUVAIS,

TYPOGRAPHIE D. PERE, IMPRIMEUR DE L'EVÊCHÉ.

IMPRIMATUR.

Bellovaci, 31ª Martii 1887.

H. BLOND,

Vic. gen.

VIE DE SAINT GENGON

Patron secondaire de Rémérangles.

De tous les saints auxquels notre pays s'honore d'avoir donné naissance, Gengon est peut-être celui dont le culte a été le plus populaire et le plus répandu. A peine a-t-il succombé sous le fer d'un impie, que les peuples accourent à son tombeau; et bientôt, en France, en Belgique, en Allemagne, des temples s'élèvent en son honneur. Langres, Bruxelles, Maëstricht, Cologne, Mayence, Trèves, Spire, Augsbourg, etc., voient arriver dans leurs murs d'innombrables pèlerins qui viennent vénérer l'image ou quelque parcelle des reliques du saint martyr, et réclamer sa protection. Comme nous le voyons à notre époque dans le sanctuaire de Lourdes, ils apportent avec eux une foule de malades et d'infirmes, et Dieu semble ne pouvoir leur rien refuser. Des miracles tels que le monde n'en avait pas vu depuis les jours de saint Martin, éclatent dans tous les lieux consacrés au culte de ce héros chrétien. Aussi les bords de la Marne, de la Meuse, de la Moselle et du Rhin retentissent de ses louanges; les princes les plus puissants et les villes les plus opulentes se disputent ses reliques, fondent des chapitres et des monastères pour les garder, et sa vie devient le sujet d'un poème célèbre en Allemagne : ***La Légende de saint Gengon***.

De tels hommages supposent évidemment, chez celui qui en est l'objet, d'héroïques vertus et une haute sainteté; mais Dieu, comme par respect pour l'humilité de Gengon, permit la disparition de l'histoire authentique de sa vie, lors des incursions des Saxons et des Normands.

On ne saurait trop regretter de n'avoir pas plus de détails sur la vie de cet athlète de la foi; mais si l'histoire ne peut retracer ses hauts faits, son souvenir est resté vivant dans les cœurs. L'hommage des peuples s'empressant auprès de ses sanctuaires, redit à tous ses vertus et le crédit dont il jouit dans les cieux ; et ainsi l'obscurité même où Dieu a laissé cet autre Joseph est pour lui un nouveau titre de gloire.

Nous avons donc recueilli avec soin,

partout où nous avons pu les retrouver, les traits de la vie de saint Gengon qui nous ont paru à peu près certains, et nous les livrons à la pieuse curiosité des fidèles. Nous serions heureux si nous pouvions, par là, ranimer la dévotion et la confiance des peuples envers ce grand saint, qu'une mère chrétienne nous apprit à vénérer et à aimer dès notre enfance.

Gengon reçut le jour vers la fin de la mairie de Charles-Martel, à Varennes, bourg du diocèse de Langres situé à quelques lieues de cette dernière ville. Ses parents appartenaient à la plus haute noblesse et possédaient de grands biens ; mais leur foi ardente et leur profonde piété, encore plus que leur position élevée, les distinguaient entre tous. Ils voulurent transmettre à leur fils, comme un précieux héritage, les sentiments chrétiens qui les animaient.

Ils s'appliquèrent à lui inspirer, dès sa plus tendre enfance, l'amour de Dieu et de la vertu, et l'horreur du péché. Les premières paroles qui sortirent de ses lèvres furent une prière au Seigneur, et, pendant toute sa vie, il conversa bien plus avec Dieu qu'avec les hommes.

Ses parents veillèrent, avec un soin jaloux, sur ce jeune lis, pour en écarter tout ce qui aurait pu le flétrir. Ils confièrent leur fils à des maîtres chrétiens, et leur recommandèrent de lui enseigner, avant tout, la doctrine de Jésus-Christ : bien différents en cela de ces pères et mères aveugles, qui semblent regarder comme perdu le temps que leurs enfants emploient à s'instruire de la religion, de leurs devoirs envers Dieu et envers leurs semblables! Devons-nous être surpris que de tels parents, ayant laissé oublier Dieu à leurs enfants, les trouvent plus tard fils ingrats et dénaturés, et soient punis, même en ce monde, de leur conduite coupable?

Gengon répondit à la sollicitude de ses parents, et réalisa les espérances qu'ils avaient fondées sur lui. « Il passa, dit un pieux historien (1), son enfance et les premières années de sa jeunesse dans une parfaite innocence, joignant à l'étude des lettres, où il réussit extrêmement, les exercices de la piété chrétienne. Il n'y avait rien de si honnête, de si pudique que lui ; il fuyait la compagnie des liber-

(1) Mgr Guérin, *Vie de saint Gengon*.

tins et la vue de tous les objets qui pouvaient ternir la fleur de sa chasteté. Son plaisir était de visiter les églises, d'entendre la parole de Dieu, de la méditer dans le secret de son cœur, et de lire des livres spirituels et capables de l'instruire des pures maximes de l'Evangile. On n'entendait jamais sortir de sa bouche des paroles indiscrètes, ni même inutiles. Son visage, par sa modestie, inspirait de la dévotion à ceux qui avaient le bonheur de l'approcher. »

Sa tenue, son recueillement au pied des autels excitait l'admiration de tous. On sentait bien qu'il ne pensait qu'à Dieu !

Gengon aimait à chanter avec le chœur pendant les offices. C'était, pour lui, la meilleure des prières, la plus conforme aux intentions de l'Eglise, la plus agréable à Dieu qui nous a créés pour célébrer ses louanges pendant l'éternité. Il était loin de ressembler à tant de chrétiens de nos jours, qui rougiraient de se faire entendre dans la maison de Dieu !

Tels n'étaient pas les sentiments de nos pères. Plusieurs de nos rois mêmes, se faisaient un bonheur de chanter dans l'église. Charlemagne, qui vivait à l'époque de saint Gengon, aimait souvent à mêler sa voix à celle des chantres. Il n'en est pas moins le plus grand des princes qui aient régné sur la France. Jamais notre pays ne fut plus puissant, jamais ses limites ne s'étendirent aussi loin que sous le sceptre de ce vaillant empereur.

Ce fut dans ces pratiques chrétiennes, dans la prière, dans la fréquentation des sacrements que Gengon puisa les grâces abondantes qui lui permirent de mener une vie si pure, si innocente, qu'il était considéré comme le plus vertueux des jeunes gens.

Il en était aussi l'un des plus instruits. A une haute intelligence, en effet, à une mémoire heureuse, il joignait une application soutenue. Il avait acquis surtout une grande connaissance de l'Ecriture-Sainte, dont la lecture faisait ses plus grandes délices.

Malgré sa science, malgré sa noblesse, malgré ces brillantes qualités qui le rendaient un jeune homme accompli, Gengon resta toujours modeste : car il avait plus d'estime pour les autres que pour lui-même.

Ces sentiments d'humilité contribuèrent beaucoup à le maintenir dans la pratique de la vertu ; l'humilité n'est-elle pas la mère des vertus, comme l'orgueil est le père des vices? Sa défiance de lui-même le porta à se mettre en garde contre tous les dangers auxquels l'innocence des jeunes gens est exposée. Il évita surtout l'oisiveté. Pour se reposer de l'étude, il se livrait aux exercices salutaires de la chasse. Il n'y cherchait point le plaisir, mais une occupation. une sauvegarde pour sa vertu, un moyen de dompter son corps par la fatigue, et d'en rester plus facilement le maître.

Cédant aux instances de ses parents, il se maria vers l'âge de vingt ans. La femme à laquelle il s'unit appartenait à l'une des familles les plus nobles de la province ; « mais, dit le P. Giry, elle lui convenait peu par les qualités de l'esprit et du cœur; il était pieux, et elle était libertine; il aimait la prière, et elle n'aimait que le jeu et les plaisirs mondains; il fuyait le luxe et la vanité, et elle voulait toujours être vêtue superbement pour attirer sur elle les yeux des hommes lascifs; enfin, il était chaste, et elle était impudique. » Cette union mal assortie fut pour Gengon une source d'amertumes, de chagrins et de malheurs, ou plutôt, et pour parler un langage plus chrétien, elle fut pour lui une occasion de pratiquer la patience, la charité, la résignation à la volonté de Dieu dans l'infortune, et lui valut la palme du martyre.

Peu de temps après son mariage, il eut la douleur de perdre ses parents. Il les pleura beaucoup, car il leur portait une vive et tendre affection.

Ce malheur le rendait maître de richesses immenses. « Bien loin de dissiper, par des dépenses criminelles ou superflues, dit Mgr Guérin, les biens que lui laissèrent ses parents, il les administra avec autant de prudence et de sagesse que s'il eût été un vieillard consommé dans l'art de l'économie et du gouvernement domestique. » Notre Seigneur Jésus-Christ commande, il est vrai, le détachement des biens de ce monde ; mais il n'impose pas la négligence dans les affaires temporelles, les dépenses superflues et déraisonnables, toujours à blâmer chez un chrétien.

Gengon, qui était un des principaux seigneurs de la Bourgogne, prit une grande part aux guerres que fit Pépin-le-Bref. Il y montra les deux qualités essentielles du soldat : la bravoure et la prudence. Aussi parvint-il bien vite aux plus hautes dignités de l'armée. Le roi lui accorda toute sa confiance, et eut recours à lui dans des circonstances très difficiles : tant Gengon avait de ressources dans l'esprit, tant sa bravoure, son intrépidité le signalait entre tous. Pépin, pour montrer l'estime qu'il lui portait, et aussi afin de pouvoir toujours le consulter, le faisait coucher dans sa tente et manger à sa table.

Au milieu de la licence des camps, il conserva son innocence et sa vertu; il continua ses exercices de piété et resta fidèle à son Dieu.

Peut-on s'étonner qu'il ait été le plus vaillant et le plus fidèle des soldats de Pépin? La religion ne prescrit-elle pas au soldat l'obéissance à ses chefs, le dévouement à sa patrie? La récompense qu'elle lui promet, s'il succombe en accomplissant son devoir, n'est-elle pas bien propre à lui faire affronter la mort? Pour le soldat chrétien, la mort c'est la gloire éternelle; pour le soldat sans foi, c'est l'anéantissement. Saint Louis, Bayard, Jeanne d'Arc étaient chrétiens, a-t-on vu de plus braves combattants?

Dieu récompensa la grande piété de

son serviteur, en lui accordant le don des miracles. On en cite un grand nombre de lui, mais, pour ne pas trop allonger cette histoire, nous n'en rapporterons qu'un seul en laissant la parole à Mgr Guérin :

« Il revenait en Bourgogne pour s'y reposer des fatigues de la guerre ; en passant par le Bassigny, il s'arrêta dans un endroit délicieux pour y prendre sa réfection ; c'était sur le bord d'une fontaine dont les eaux étaient très belles et excellentes. Il demanda à l'acheter. Le propriétaire la lui vendit un prix excessif, que Gengon paya immédiatement. Mais lorsque le saint voulut prendre possession de la fontaine, l'ancien propriétaire prétendit qu'il lui avait bien vendu la source, mais non le terrain dans lequel elle se trouvait. Il croyait ainsi conserver sa fontaine et l'argent que Gengon lui avait remis, ne voyant pas comment ce dernier pourrait enlever la source et la transporter dans ses terres.

« Gengon laissa ce vendeur cupide et de mauvaise foi, et continua sa route. Arrivé à Varennes, sa résidence habituelle, il enfonça son bâton dans la terre et, nouveau Moïse, en fit jaillir une eau pure et limpide. C'était évidemment la fontaine du vendeur avare, car, au même instant, cette dernière cessa de couler. »

En souvenir de ce miracle, on représente ordinairement saint Gengon tenant à la main droite une cannelle ou fontaine.

Les eaux de la source qu'il fit ainsi jaillir miraculeusement opérèrent, dans tous les temps, de nombreuses guérisons.

« La fontaine de saint Gengon est aujourd'hui dans la crypte d'une chapelle autrefois très fréquentée, écrivait, en 1858, M. l'abbé Henriot, curé de Varennes. Bon nombre de personnes encore existantes ont vu, appendus aux murs de la crypte, des béquilles et des *ex-voto*, qui disparurent à l'époque de la Révolution. »

Pendant que notre héros servait sa patrie et son prince avec tant de zèle, des amis l'avaient informé de l'inconduite de sa femme. Il méprisa d'abord ces avertissements, mais le jour vint où le doute ne lui fut plus possible.

A ce sujet, on raconte un trait assez douteux mais populaire :

« Gengon se promenait sur les bords d'un lac accompagné de sa femme. Il rappelait à cette dernière les accusations dont elle était l'objet, lorsque tout-à-coup une idée lui vint à l'esprit.

« — Ces eaux ne sont ni trop chaudes, ni trop froides, dit-il à sa femme, plongez-y le bras ; si vous l'en retirez sain et sauf, je crois à votre innocence.

« Ne voyant dans cette proposition qu'un effet de la simplicité de son mari, l'adultère impie accepte l'épreuve sans hésiter : elle enfonce le bras jusqu'au coude ; mais, à mesure qu'elle le retire, la peau se détache jusqu'à l'extrémité des doigts. »

Gengon n'avait plus à hésiter, sa femme était réellement coupable.

Il aurait pu tirer une vengeance éclatante ; il pensa qu'il était plus conforme à l'esprit de Jésus-Christ d'essayer la douceur et la persuasion.

Il lui adressa les exhortations les plus pressantes et les plus charitables ; lui rappela toutes les preuves d'affection qu'il lui avait données depuis leur mariage ; la supplia de penser à l'honneur de sa famille, à son âme, à son éternité. Tout fut inutile. Cette femme, au contraire, joignant l'insolence à l'infidélité, insultait hautement au malheur de son mari et se moquait de sa piété et de ses vertus.

Gengon résolut alors de se séparer d'elle. Il se retira dans une terre qu'il possédait auprès d'Avallon, ville de Bourgogne, où il mena la vie la plus austère et la plus sainte, employant son temps et ses revenus en bonnes œuvres et au soulagement des pauvres, qu'il comblait d'aumônes. Il était, comme Job, le pied du boiteux, l'œil de l'aveugle, rapporte un ancien auteur.

Mais il ne pouvait oublier la triste situation de sa femme. Elle était l'objet de ses prières et de ses constantes préoccupations. Il lui écrivit plusieurs fois, la conjurant de renoncer à ses désordres, de ne pas perdre de vue le compte terrible qu'elle aurait bientôt à rendre au Souverain Juge, de penser aux regrets éternels qu'elle se préparait, l'assurant que Dieu lui pardonnerait comme il l'avait fait à Madeleine, et à tant d'autres plus coupables qu'elle.

Ces charitables avis ne firent que l'irriter, et elle résolut d'y mettre fin par un crime : le meurtre de Gengon fut décidé entre elle et son complice, et ce dernier se chargea de l'exécution.

Il se rend donc à la résidence de Gengon, pénètre dans sa chambre, s'approche du lit où le saint repose, prend l'épée suspendue à son chevet et lève le bras pour le frapper à la tête. Mais Gengon se réveille en ce moment, et détourne le coup qui l'atteint seulement à la cuisse.

La blessure était néanmoins mortelle. Le saint vécut encore quelques jours. Il les passa dans la prière, oubliant ce monde pour ne penser qu'à l'autre. A plusieurs reprises, il conjura Dieu et les hommes de pardonner à ses meurtriers. Mais Dieu n'exauça pas, cette fois, la prière de son serviteur : les deux misérables périrent honteusement.

Quant à Gengon, sentant la mort approcher, il demanda les derniers Sacrements. Il les reçut avec une piété qui toucha tous les assistants. Sa soumission à la volonté divine, le calme avec lequel il supporta ses atroces douleurs, édifiait les personnes qui venaient le visiter à son lit de mort. Le 11 mai 760, il remit sa belle âme à Dieu, et « alors, disent les Bollandistes, il cessa de mourir pour commencer à vivre. »

C'est ainsi que Gengon quitta la terre, martyr de la charité, de la patience, de son zèle pour le salut de sa femme, martyr de la foi, car c'est bien en haine de la religion, en haine de sa piété qu'il fut immolé : aussi l'Eglise l'a toujours honoré comme un martyr.

La nouvelle de sa mort répandit la consternation dans toute la province. On n'entendait de toutes parts que sanglots et gémissements : on eût dit que chaque famille perdait un père.

Gengon avait deux tantes d'une grande vertu, qu'il avait laissées à Varennes : l'une s'appelait Villetrude et l'autre Villegose. Ces saintes femmes, ayant appris la mort de leur neveu, voulurent le faire enterrer dans l'église de leur bourg. Elles se rendirent donc à Avallon, où il était mort. De là, elles firent transporter sa dépouille à Varennes, au milieu des flambeaux et des chants ecclésiastiques, qui ne discontinuèrent pas pendant le trajet, long de plusieurs lieues.

Les populations d'alentour étaient accourues en foule, et ce fut comme le premier pèlerinage en son honneur, pèlerinage qui devait se renouveler pendant plus de dix siècles dans tous les sanctuaires consacrés au saint martyr.

Dès ce jour-là, en effet, Gengon fut

invoqué comme un saint. Ces peuples, qui connaissaient les grandes vertus de celui qu'ils appelaient leur père, sa charité inépuisable, sa longue patience, sa profonde piété, ne doutaient pas qu'il ne fût au Ciel ; et Dieu montra, le jour même des funérailles, que les hommes ne s'étaient pas trompés.

« Ce qui rendit cette pompe funèbre fort éclatante, lisons-nous dans Mgr Guérin, ce fut que saint Gengon fit paraître, par plusieurs miracles, la gloire et le crédit dont son âme jouissait déjà dans les cieux. » Ces prodiges se sont reproduits dans tous les temps, non seulement à son tombeau, mais dans chacun des lieux où se trouvait son image ou quelque partie de ses reliques.

Les restes du saint martyr, déposés comme nous l'avons dit, dans l'église de Varennes, furent transportés plus tard dans la cathédrale de Langres, afin de les mettre à l'abri des invasions des Saxons et des Normands. Plusieurs parcelles des reliques de saint Gengon furent détachées à différentes époques. On en trouvait autrefois dans un grand nombre de villes, en France et surtout en Allemagne.

L'église de Rémérangles, dans le diocèse de Beauvais, posséda, jusqu'en 1793, une partie de l'un des bras de saint Gengon, et le Pape Alexandre VII accorda, en 1659, une indulgence plénière à ceux qui viendraient la vénérer. Pendant toute la neuvaine de la fête, c'est-à-dire du 11 au 19 mai, un grand nombre de pèlerins se rendaient chaque jour dans cette église. Mais ce précieux trésor disparut, comme tant d'autres, à l'époque de la Révolution. Cette perte nuisit beaucoup au pèlerinage.

En 1843, le vénérable M. Letellier, curé du Fay-Saint-Quentin, obtint de l'évêque de Langres une nouvelle relique de saint Gengon. Déposée d'abord dans l'église du Fay, elle fut transportée dans celle de Rémérangles, au milieu d'un immense concours de peuple, le 11 mai 1843.

Ce fut un jour mémorable, pour les habitants de Rémérangles, que celui où ils virent rentrer, dans leur belle église, les restes glorieux de leur saint patron.

Qu'ils les conservent toujours et les défendent contre les ennemis de Dieu et de ses saints! Qu'ils soient toujours fidèles au culte de saint Gengon, leur gloire dans les siecles passés! Que leur confiance en cet illustre martyr éclate aux yeux de tous, et peut-être que les chemins conduisant à leur village reverront les foules d'autrefois!

Puisse saint Gengon protéger toujours cette paroisse, qui l'honore depuis tant de siècles, y faire refleurir la foi et la piété des anciens jours! Qu'il montre, de nouveau, sa puissance auprès de Dieu, et les infirmes et les malades reviendront lui demander leur guérison ; les affligés, la force de supporter le malheur ; les pères et mères, la grâce de bien élever leurs enfants ; les pécheurs, leur conversion et leur retour à Dieu!

Puisse-t-il bénir l'humble auteur de ces pages!

Beauvais. — Typ. D. PERE, rue St-Jean, imp. de l'Evêché.

www.ingramcontent.com/pod-product-compliance
Ingram Content Group UK Ltd.
Pitfield, Milton Keynes, MK11 3LW, UK
UKHW020542180726
13839UKWH00006B/2672